AF279378

Ma pe ma

MARÍA DEL MAR ZEPEDA PORRAZ

ILUSTRADO POR MARÍA DEL MAR SERRATOS DE VECCHI

ExLibric

MARÍA DEL MAR ZEPEDA PORRAZ

MAPEMA

ExLibric

ANTEQUERA 2024

Prólogo

Bienvenidos todos los corazones que eligen abrazar a la vida, soy María del Mar, mamá de Mikaela, una infinita posibilidad al igual que much@s bebit@s que eligió llegar a la vida con 26,6 semanas de gestación. Estuvimos ochenta y cinco días en la UCIN (Unidad de Cuidados Intensivos Neonatales), y digo estuvimos porque tú, como mamá o papá, sabes que una parte de ti se queda también ahí.

Cada palabra que leas aquí está expresada con muchísimo corazón e intención, y sin duda una parte de mí está expuesta aquí, pero el propósito de este libro es ser una invitación para que reflexiones, transformes y conectes con la forma única y perfecta en la que tú y tu bebé/bebés están viviendo esta experiencia.

Deseo que estas páginas te regalen la oportunidad de pausar y que encuentres en este libro un espacio de contención que te permita percibir, honrar y conectar con el mensaje tan profundo que estos bebitos nos vienen a mostrar y recordar.

Recuerda que somos amor en acción, todo aquello que se vive y expresa a través de ti es bueno y necesario, y todo lo que tu bebé está experimentando representa para la vida una nueva posibilidad.

¡Todo pasa, pero mientras pasa no estás sol@!

Mapema: prematuro, en swahili.

Personajes

Abeja: Sanación

Colibrí: Dios/poder superior

Catarina: Salud

Oruga: Transformación/cambio

Mariposa: Renacimiento

Búho: Sabiduría/intuición

A todos aquellos que abrazan a la vida.

Bienvenid@ al viaje de tu vida.

Me llamo ___________________________________.

Llegué a la vida el ______________________.

Mi peso y talla al nacer __________________.

Algunos de mis días más especiales:

Me cargaron por primera vez _______________________________________.

Me quitaron el oxígeno ____.

Succioné por primera vez ____.

Pasé a terapia intermedia ____.

Estuve _________ días en la UCIN.

Salí del hospital ____

Hola, mamá, ¡soy yo!

Sé que estás preocupada porque aún me faltaban algunos meses o semanas dentro de la panza, me puedo imaginar lo difícil que está siendo no tener respuestas inmediatas y que la incertidumbre sea una constante.

Sé que salir del hospital sin mí te costó mucho trabajo y que dolió separarnos. Pero recuerda que somos amor en acción, y sin importar dónde estés puedo sentir como tu incondicionalidad me acompaña y sostiene desde siempre y para siempre.

¿Sabes? A través de esta experiencia la vida nos quiere invitar a pausar para percibir que en realidad nada es ordinario y todo es un milagro. Así como lo escuchas, dentro de la UCIN estaremos siendo testigos de las infinitas posibilidades que se viven y expresan a través de todos y en todo; descubrirás que voy a mi ritmo único y perfecto.

Antes de escribir:

Ponte en una posición cómoda y comienza a respirar lentamente; inhala por la nariz y exhala por la boca. Pon la mano derecha en tu corazón y siente como tu respiración es el recordatorio amoroso de que el movimiento es lo natural (intenta hacer el ejercicio durante cinco minutos con los ojos cerrados).

En este encuentro contigo misma, haz un breve recorrido de cómo ha sido el proceso hasta el día de hoy. Percibe en cada respiración las muchas formas en las que estás experimentando tu vulnerabilidad, y otórgarte la posibilidad de reconocer cómo te sientes física y emocionalmente.

Sé que te angustia verme llen@ de cables y rodead@ de máquinas, y que te asustas cuando se me olvida respirar. Que estar en estado de alerta y sentirte en «modo supervivencia» hoy es parte de tu realidad.

Me encantaría que supieras que mi valentía es un reflejo de la tuya, y que nuestra fortaleza es el resultado de permitirnos conectar primero con nuestra vulnerabilidad.

Sé compasiva contigo misma cuando experimentes la dualidad de sentirte agradecida y llena de esperanza, y a la vez frustrada, ansiosa o enojada; todo es válido y necesario para poder transformar el camino y percibirlo desde un nuevo lugar. ¡La resiliencia, mamá, es la suma de todo lo que irás tejiendo día con día, conforme te vayas sintiendo lista para abrazar la vida!

A través de esta experiencia aprenderás a mirar y conectar con la vida desde un nuevo lugar, desde el Alma, descubrirás el mundo en lo sutil y recuperarás tu capacidad de asombro a través de mí. Reconocerás que una parte de mí se vive y expresa a través de ti, y una parte de ti lo hace a través de mí.

Porque la vida es todo aquello que tú elijas reconocer y sembrar en ella, es perfecta, ¿sabes? Sé que te puede ser difícil comprenderlo ahora, pero solo el bien es real.

Hoy permítete hacerlo diferente, cuando llegues a la UCIN, pausa, en cada paso que des, repite esta intención: «Al no saber, te regalo la posibilidad de ser». Cuando llegues a la incubadora, obsérvame, y mientras lo haces recibe la primera palabra que te llegue a la mente (escribe la palabra en algún lugar para que no la olvides).

La segunda parte del ejercicio la vas a hacer cuando regreses del hospital.

Ahora sí, escribe la palabra y quédate observándola unos minutos. Tómate el tiempo de sentir lo que significa para ti y responde a la siguiente pregunta: ¿qué te quiere recordar para el camino hoy?

Por último, abrázate y agradece el recordatorio amoroso de que en el viaje de la vida todos somos maestros y aprendices.

Sé que durante este tiempo en muchos momentos has sentido miedo o incluso «culpa»; cuando lleguen a ti estos pensamientos quédate un momento con la incomodidad que te generan. Comprenderás que son solo eso, conceptos o ideas de lo que esperabas que «tenía» que suceder o ser, son la búsqueda a respuestas a una o varias expectativas.

Sé que no es fácil y que te llevará algún tiempo, pero poco a poco, conforme te sientas lista y dejes de resistirte a lo que está sucediendo, podrás contemplar el camino a través del amor mediante el cual eres capaz de sostenerme, reconocerme y acompañarme.

No sé qué piensas tú, pero creo que es momento de que te re-conozcas, recibas a esta nueva versión tan tuya, acaricies tus heridas y honres tus cicatrices, que celebres que no aferrarte será siempre una invitación a encontrarte.

¿Sabes que *apapacharte* quiere decir «acariciar el Alma»?

Permítete experimentar estos momentos o espacios de reflexión y contención. Ten la certeza de que todo pasa, pero mientras pasa no estás sola, estás sostenida por todos esos corazones que ponen sus intenciones en mí y te acompañan también a ti.

«Mamá no solo da, también necesita saber recibir».

Reflexión: Escribe una carta para ti misma en donde te agradezcas y reconozcas la forma en la que estás llevando el proceso.

¡Me has dado tanto, incluso aquello que no sabías que existía en ti! Sé que no tenías en mente vivir o descubrir tu maternidad de esta forma, pero quiero que sepas que para mí eres suficientemente buena y que, a través de las muchas formas en las que te expresas, me regalas la posibilidad de realmente conocerte y conectar con la mamá que elegí para expandirnos juntos.

Me encantaría que te regales algunos momentos para ti, con la intención de descubrir las muchas formas en las que puedes conectar con el amor propio y reconocer lo bueno que te habita, guía y sostiene. Atrévete a confiar en tu intuición y deja ir lo que no fue, abraza lo que es y abre paso a todo lo que será.

No te abrumes intentando hacer cosas que hoy no están dentro de tus posibilidades, empieza por observar tu nueva «normalidad» y elige por lo menos una de las muchas cosas de tu día que pudieras hacer por y para ti.

«Maternarte es siempre una invitación a encontrarte».

Reflexión: Observa las muchas formas en las que ser mi mamá te está llevando a descubrir y conectar con la posibilidad de recibir todo lo que me das. Sé que sientes que hoy todo debe ser por y para mí, pero no te olvides de ti porque a través del amor propio me estarás enseñando a cuidar de mí.

Sé que quisieras estar aquí conmigo todo el tiempo, pero te quiero platicar que cuando tú no estás estoy siendo sostenid@ y acompañad@ por enfermeras y doctores que me regalan su tiempo, conocimientos y corazón.

Ell@s, al igual que tú, me van descubriendo todos los días y celebran las muchas posibilidades que me habitan y se expresan a través de mí. A veces por ser su día a día lo olvidan, pero para mí son luz... Saber que están ahí y sentirlos cerca me llena de certeza.

¡En su cotidianidad, son testigos de lo extraordinario! A través de su forma de acompañar, explicar y contener se convierten en canales que nos guían para vivir el proceso de una manera armoniosa.

Me encantaría saber sus nombres y aquello que agradeces a cada un@ de ell@s por las tantas formas en las que hacen una diferencia en nuestro camino.

Reflexión: Pon el nombre del doctor, enfermera o persona dentro del hospital y lo que le quieres agradecer.

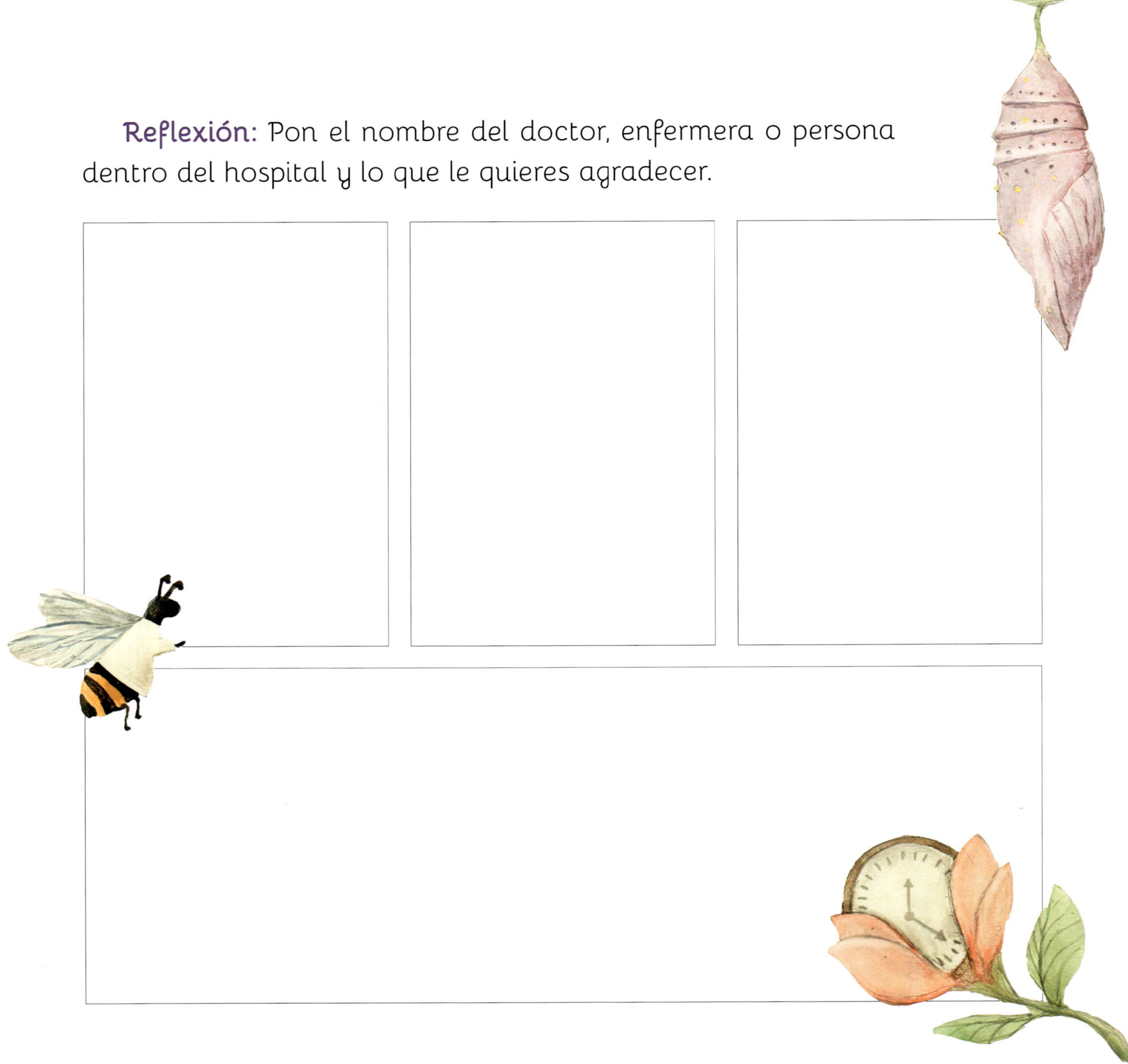

¡Tenemos una tribu también en el hospital mamá! ¿Lo ves?

A mi alrededor hay otros bebés en procesos similares o a veces diferentes, busca a sus mamás. Reconozcan, escuchen y compartan el camino sin compararlo; en ellas encontrarás siempre un corazón abierto.

Así como nosotros en las cunas, que con nuestra presencia o a través de nuestro llanto nos hacemos sentir unos a otros que más allá de los monitores ¡hay mucha vida experimentando vida!, ustedes convertirán el cuarto de lactancia en un espacio de contención e incluso sanación, en donde a pesar de que ninguna es experta todas aprenden al compartir su experiencia.

Serán ellas las que celebren contigo los gramos que subí, y las que cuando tenga anemia o una infección te dirán que ya pasaron por ahí y entienden tu sentir.

Muchos se irán a casa antes que nosotros y estaremos ahí para celebrarlo, otros se irán después y seguiremos en contacto, pero todos habrán dejado en ti y en mí una enseñanza, un mensaje para el Alma.

«El creador se vive y expresa a través de todos y en todo».

Reflexión: Reconoce que diferente es bueno y necesario, que cada persona percibe y vive la experiencia de una forma distinta.

Si tengo herman@s, compárteles fotos de mi e involúcralos, les dará tranquilidad saber que estoy poniéndole mucho corazón al camino para llegar al hogar que me ha esperado desde siempre.

Sé que es muy demandante estar para todos nosotros en las formas y tiempos que te son posibles, pero ten por seguro que si les pones calidad a los momentos, por muchos o pocos que sean, será suficiente. No te exijas tanto, es imposible estar para todos y en todo. Apóyate en tu familia o en personas cercanas.

(Nombres de mis hermanos, edades y que dibujen aquí algo para mí).

Si soy tu primer hij@, sé que es aún más difícil poder despejarte, que tu Ser y tu atención están todo el tiempo conmigo, incluso cuando no estás aquí, pero necesito que sepas que es sano para ti y para mí que sueltes un poco y confíes en mí y en ti. Más adelante ambos necesitaremos de esa independencia.

(Pon fotos en los recuadros o hazme un dibujo).

Descubre tu propia forma de maternar, no te abrumes por querer hacerlo todo «perfecto», confía en tu intuición y disfruta de hacer todo por primera vez o, si no eres primeriza, abraza la posibilidad de que esta vez lo estarás haciendo de una manera diferente.

Celebra las muchas formas que existen de vivir y expresar la maternidad, permítete descubrir y conectar con la mamá que elegí. Ten por seguro que no te exijo nada, porque honro y amo a la que fuiste ayer, a la que eres hoy, y a la que te convertirás mañana.

Compárteme las anécdotas y cómo te sentías en estas primeras veces cuándo me conociste, me cargaste, me cambiaste el pañal, me diste de comer pecho o biberón, etc.).

Después de un gran recorrido, supimos hacer las paces con el tiempo, seguramente tú tampoco puedes creer que llego este día tan anhelado: ¡me voy a casa!

Cuánto hemos cambiado y crecido en todos los sentidos desde nuestro primer día aquí, cuánto se ha transformado al ser testigos del milagro de la vida y comprender que en realidad todo es la suma de muchos pequeños logros cargados de gratitud, esperanza y amor.

Aún tenemos un camino por descubrir, cosas que aprender, momentos por construir y terapias a las cuales vamos a ir, pero estoy segur@ de que mientras reconozcamos que la luz solo puede dar luz podremos siempre encontrarla sin importar la circunstancia.

GRACIAS a cada uno de los corazones que han puesto una intención profunda en mi camino, que todo eso bueno que los habita les vuelva multiplicado en muchas formas y posibilidades.

Pulsera	Letrero del cunero

Pensamientos y frases

Maternar

La forma más auténtica a través de la cual nuestro ser es capaz de mirar, sostener y acompañar para descubrirse incondicional.

Medicina

Saber que somos parte de un todo y que todo es parte de ti.

Mensaje

La posibilidad de conectar desde un nuevo lugar para poder percibir lo que la vida me quiere mostrar.

A

Abrazo

El regalo que nos damos unos a otros para experimentar nuestra bendita humanidad y recordar que somos UNO.

Aceptación

Abrazo lo que no fue, celebro lo que es y abro paso a todo lo que vendrá.

Agradecer

Abrazar todo lo que la vida es, sin la necesidad de comprender.

P

Paciencia

No condicionar al tiempo te permite abrazar y entregarte de lleno al momento.

Presencia

Aquí y ahora en mente y cuerpo podemos reconocer que el milagro siempre está ocurriendo.

Pausa

El instante que nos permite volver a elegir desde dónde queremos vivir y hasta dónde estamos dispuestos a percibir.

E

Esperanza

La intención profunda que surge al reconocer que solo el bien es real y estamos sostenidos por él.

Extraordinario

El regalo de percibir la esencia en la cotidianidad.

Expansión

No aferrarte es siempre una invitación a encontrarte.

M

Milagro

Corazones cargados de una intención que nos invitan a percibir que somos amor en acción.

Motor

Tus ganas de vivirte y descubrir todo lo que la vida es me llevan a conectar y reconocer la fortaleza en mi propio ser.

Movimiento

A través de esta experiencia comprendo que no hay un tiempo, que todo es a tu ritmo único y perfecto.

A

Alegría

Hoy comprendo que la alegría es la expresión de lo que para el Alma es eterno, expresado en un momento.

Amor

Hoy comprendo que el amor nada lo condiciona y todo lo sana y transforma.

Apapachar

Acariciar el Alma.

«La vida y el mundo estamos listos para recibir tu luz».

Que cada corazón que ha sido parte de mi camino en nuestro paso por la UCIN ponga una huella aquí.

Agradecimientos

A ti, Mikaela, por ser la maestra amorosa que me eligió para ser testigo de que somos amor en acción, por permitirme recordar que cuando abrazamos a la vida podemos percibir que el milagro no es lo que vendrá, es lo que está sucediendo hoy porque Dios se vive en todos y en todo. Cada palabra de este libro surge de la enseñanza tan profunda que me has venido a mostrar.

A ti, Pablo, por ser mi compañero, por no soltarnos y juntos comprender que la vida es todo aquello que elegimos percibir. A mis hijas Aleka e Isabella, que durante todo el proceso a través de su inocencia y amor me llevaron a conectar con la alegría de vivir.

A tu pediatra, Álex, por su calidad humana durante todo el proceso, que fue para nosotros medicina para el Alma; a Fernando el ginecólogo que junto con Dios hizo posible tu llegada y te recibió con tanto corazón; y a Dago, el neonatólogo, por hacernos ver que encontraríamos la fortaleza más grande en la persona más pequeña que tendríamos el regalo de conocer.

Sobre la autora

María del Mar Zepeda Porraz nació en la Ciudad de México el 10 de noviembre de 1991.

Desde joven su pasión ha sido el altruismo buscando siempre aprender y contribuir en la búsqueda del bienestar común.

Para ella, sus cuatro hijas son sus maestras de vida más importantes y amorosas, pues a través de cada una de ellas ha descubierto la enorme posibilidad de elegir siempre abrazar a la vida.

En esta obra María del Mar abre su corazón para acompañar y brindar la posibilidad a l@s papás de bebés prematuros en la UCIN de contar con una herramienta de contención y reflexión, con la intención de que cada uno de ell@s descubra el mensaje tan profundo que su hij@ desde un amor enorme le ha venido a mostrar a través de su experiencia.

Si quieres tener acceso a más herramientas, información confiable y contar con un grupo de apoyo durante el proceso, visita nuestro Instagram: @mapema__

MAPEMA

ExLibric